BEI GRIN MACHT SICH IHR WISSEN BEZAHLT

AF136114

- Wir veröffentlichen Ihre Hausarbeit,
  Bachelor- und Masterarbeit

- Ihr eigenes eBook und Buch -
  weltweit in allen wichtigen Shops

- Verdienen Sie an jedem Verkauf

Jetzt bei www.GRIN.com hochladen
und kostenlos publizieren

Wearables in der Industrie. Praktische Anwendung sowie Chancen und Probleme

Das Beispiel Smart Glasses

Arno Wunderlich

Bibliografische Information der Deutschen Nationalbibliothek:

Die Deutsche Nationalbibliothek verzeichnet diese Publikation in der Deutschen Nationalbibliografie; detaillierte bibliografische Daten sind im Internet über http://dnb.d-nb.de abrufbar.

ISBN: 9783346421661
Dieses Buch ist auch als E-Book erhältlich.

Druck und Bindung: Books on Demand GmbH, Norderstedt Germany
Gedruckt auf säurefreiem Papier aus verantwortungsvollen Quellen

Das vorliegende Werk wurde sorgfältig erarbeitet. Dennoch übernehmen Autoren und Verlag für die Richtigkeit von Angaben, Hinweisen, Links und Ratschlägen sowie eventuelle Druckfehler keine Haftung.

Das Buch bei GRIN: https://www.grin.com/document/1014664

Einsatzpotentiale von Wearables wie Smart Glasses in der Industrie

Autor: Arno Wunderlich

Abgabefrist: 29.02.2020

Inhalt

Abkürzungsverzeichnis

AR	Augmented Reality
HMD	Head - Mounted Display
IEEE	Institute of Electrical and Electronics Engineers
LAN	Local Area Network
VR	Virtual Reality
WLAN	Wireless Local Area Network

Tabellenverzeichnis

1. Einleitung

1.1 Problemstellung

Die Arbeitswelt in der Industrie steckt in einem tiefgreifenden Umbruch. Durch den technologischen Fortschritt ergeben sich immer neue Möglichkeiten die menschliche Arbeit durch den Einsatz von Computern und anderen Technologien zu erleichtern und zu unterstützen. Zudem werden immer mehr Arbeitsschritte automatisiert und digitalisiert. Wichtige Stichworte sind hier Industrie 4.0 und Internet of Things.

Smartwatches als bekannteste Wearable-Anwendung haben den Einzug in den Alltag vieler Menschen gefunden. Sie fungieren heute hauptsächlich als Fitnesstracker oder erweitertes Handydisplay. In der Wirtschaft hingegen werden Wearables bisher kaum produktiv eingesetzt. Insbesondere Smart Glasses konnten sich noch nicht durchsetzen. So haben heute (September 2019) zwar 36 % der Deutschen ab 16 Jahren eine Smartwatch und weitere 29 % geben an ein Fitnesstracker zu verwenden,[1] jedoch besitzen nur 4 %[2] der Befragten eine Smart Glasses.

Wearables bieten die Möglichkeit die Digitalisierung der Arbeitswelt zu beschleunigen. Heute sind die meisten, der wenigen existierenden, Smart Glasses - Anwendungen im Unternehmensbereich im Logistiksektor, genauer gesagt bei der Lagerhaltung, verortet.[3]

1.2 Zielsetzung der Arbeit

Zielsetzung dieser Arbeit ist es herauszuarbeiten welche Potentiale der Einsatz von Wearables in der Industrie bietet. Heute sind Wearables für vieler Menschen hauptsächlich ein elektronisches Spielzeug. Sie bieten aber über Unterhaltungs- und Fitnesszwecke hinausgehende Möglichkeiten, die in dieser Arbeit herausgearbeitet werden soll.

Im Privatbereich werden hauptsächlich Smartwatches verwendet und keine Smart Glasses. Mit diesen kann jedoch Augmented Reality genutzt werden, wodurch sich weitergehende Chancen ergeben. Deshalb sollen in dieser Arbeit hauptsächlich Smart Glasses und nicht Smartwatches untersucht werden.

---

[1] Vgl. *Böhm, K., Klöß, S., Esser, R.*, Anteil, 2019, S. 40.
[2] Vgl. *Böhm, K, Klöß, S..., Esser, R.*, Anteil, 2019, S. 49.
[3] Vgl. *Zobel, B. Berkemeier, L., Werning, S., Thomas, O.*, Logistik, 2016, S. 1727.

Die Forschungsfrage dieser Arbeit lautet: **Welche Chancen und Herausforderungen hat der Einsatz von Wearables wie Smart Glasses in der Industrie?**

In dieser Ausarbeitung möchte der Verfasser sich maßgeblich mit der Industrie beschäftigen. Denn dort befinden sich Wearables, im Gegensatz zu den Geräten für Privatleute, noch im Entwurfs- und Teststadium. So existieren bisher kaum bis keine einsatzfähigen Standardlösungen, die sich universell einsetzen lassen. Zudem gibt es in der Industrie oft monotone und wenig produktive Arbeit wie die Dokumentation von Prüfdaten. Durch den Einsatz von Wearables können solche Tätigkeiten automatisiert, Schulung interaktiv durchgeführt oder Fernwartung betrieben werden. Dem Leser sollen die Grundlagen von Wearables und Smart Glasses nahegebracht und mögliche Einsatzzwecke von Smart Glasses in der Industrie aufgezeigt werden. Zudem soll der Leser die Chancen und Risiken dieser Anwendungen kennenlernen.

1.3 Aufbau der Arbeit

Um ein besseres Verständnis dieser Arbeit zu ermöglichen, wird zunächst der Begriff des Wearables definiert. Dazu werden unterschiedliche Definitionen miteinander verglichen und eine Arbeitsdefinition festgelegt. Diese wird im nachfolgenden Teil von einer ähnlichen, ebenfalls tragbaren elektronischen Geräteklasse, den Smartphones, abgegrenzt. Anschließend wird die Geräteklasse der Smart Glasses näher erläutert. Danach werden die technologische Grundlagen wie Kommunikationstechnologien oder Augmented Reality erklärt. Mit der Nennung von möglichen Interaktionskonzepten schließt das zweite Kapitel.

Im dritten Kapitel werden drei mögliche Anwendungsfälle für Smart Glasses in der Industrie vorgestellt und ihre technischen Voraussetzungen dargelegt. Die Chancen und Risiken dieser Einsatzmöglichkeiten werden im vierten Kapitel tabellarisch analysiert. Im abschließenden fünften Kapitel wird dann ein Fazit zu den Einsatzpotentialen gezogen und die Untersuchungsergebnisse kurz zusammengefasst.

2. Grundlagen

2.1 Definitionen

2.1.1 Wearables

Was genau ein Wearable ist und wie man es definieren kann ist umstritten.[4] Daher werden nun verschiedene Sichtweisen vorgestellt und die der dieser Arbeit zugrundeliegende Definition benannt. Wearable ist die verkürzte Form von Wearable Computing, die Begriffe können als Synonym füreinander verwendet werden.[5] Aus Gründen der Lesbarkeit wird in dieser Arbeit überwiegend die Kurzform Wearable gebraucht.

Steve Mann definiert Wearables als eine Form von immer eingeschalteten und empfangsbereiten Computern, die am Körper getragen werden.[6] Er sieht Wearables demnach als eine Art technisches Kleidungsstück, dessen Funktionalität beständig zur Verfügung steht und auch verwendet wird. *Thad Starner* verwendet eine ähnliche Definition. Er beschreibt sie als andauernd getragenen und im Einsatz befindlichen intelligenten Assistenten, der die Gedächtnisleistung, die Intelligenz, Kreativität, Kommunikationsfähigkeit und die physischen Sinne und Fähigkeiten erweitert.[7]

Beide stimmen darin überein, dass sie Wearables als etwas permanent Getragenes ansehen, das die Fähigkeiten der Benutzer erweitert und sie im gesamten Alltag unterstützt. Sie betrachten Wearables demzufolge als ein „universelles Hilfsmittel"[8]. Andere Definitionen hingegen definieren Wearables als eine Hilfe zur Unterstützung einer bestimmten oder einer bestimmten Gruppe von Tätigkeiten und nicht zur Begleitung aller ausgeübten Tätigkeiten im Tagesverlauf. Die grundlegenden Eigenschaften von Wearables, und somit die beständige Nutzung während des Tragens, die Empfangsbereitschaft und die unterstützende Grundhaltung von Wearables umfassen sie jedoch ebenso.

So zum Beispiel die Arbeitsgruppe *WearIT@work*. Sie definieren Wearables, neben den genannten Attributen, als Geräte, die dem Nutzer konstant bei der Verrichtung bestimmter (Arbeits-)Schritte unterstützen, ohne dass der Benutzer sie aktiv zur

---

[4] Vgl. *Klug, T.*, Umstritten, 2008, S. 10.
[5] Vgl. *Kreutzer, R., Land, K.*, Kurzform, 2017, S. 240.
[6] Vgl. *Mann, S.*, Definition, 1998, S. 1.
[7] Vgl. *Starner, T.*, Assistent, 2002, S. 1.
[8] *Klug, T.*, Umstritten, 2008, S. 13.

Hilfestellung anregen muss.[9] Für das Verständnis dieser Arbeit soll die letztere Definition als Grundlage ausreichend sein, da Wearables im industriellen und nicht alltäglichen Kontext betrachtet werden sollen. Dennoch erkennt auch der Verfasser dieser Arbeit an, dass Wearables zukünftig den gesamten Alltag ihrer Träger optimieren könnten.

2.1.2 Abgrenzung Wearables

Ein wesentlicher Unterschied zwischen Wearables und anderen mobilen Geräten wie Smartphones und Laptops besteht laut *Steve Mann* darin, dass Wearables beständig eingeschaltet und aktiv sind und so eine neue Form der Mensch-Maschinen-Interaktion darstellen.[10] Somit müssen Wearables nicht erst eingeschaltet werden um sie verwenden. Wearables sind fest im Arbeitsbereich des Trägers integriert [11] - sie werden, wie der Name besagt, am Körper getragen - und können daher nur schwer ignoriert oder vergessen werden. Andere mobile Geräte hingegen können weggelegt oder weggesteckt werden. Somit kann die Interaktion mit ihnen unterbrochen werden.

Zudem haben Wearables einen unterstützenden Charakter und werden zeitgleich mit einer anderen Tätigkeit ausgeführt, während die Interaktion mit einem Laptop die Haupttätigkeit zu diesem Zeitpunkt ist.[12] Daher eignen sich Wearables auch nur für Anwendungen, die nicht die volle Aufmerksamkeit des Nutzers erfolgen und nicht zum Abspielen von Filmen oder dem Schreiben von langen E-Mail. Darin liegt auch der Hauptunterschied zwischen Wearables und beispielsweise Smartphone begründet: Wearables sind in die jeweiligen Prozesse und Arbeitsschritte integriert und unterstützen diese nahtlos,[13] während es bei der Benutzung eines Smartphones zu einer Unterbrechung des Arbeitsvorgangs kommt.

Ein weiteres relevantes Unterscheidungsmerkmal zwischen Wearables und Smartphones ist, dass Wearables Freihand genutzt werden können[14], da sie fest am Körper befestigt sind. Mobiltelefon müssen dagegen für die meisten Tätigkeiten in

---

[9] Vgl. *Boronowsky, M., Herzog, O., Knackfuß, P., Lawo, M.*, wearIT@work, 2005, S. 1 – 4.
[10] Vgl. *Mann, Steve*, Definition, 1998 S. 1.
[11] Vgl. *Ziegler, Jens*, DWUI, 2016, S. 42.
[12] Vgl. *Ziegler, Jens*, DWUI, 2016, S. 42.
[13] Vgl. *Dvorak, J.*, nahtlos, 2008, S. 23.
[14] Vgl. *Hobert, S., Schumann, M.*, Enterprises, 2017, S. 2.

der Hand gehalten werden. Für Smartphones gibt es nur vereinzelt Anwendungen wie Sprachassistenten, die Freihand bedient werden können.

Wearables unterstützen zusammenfassend somit die aktuelle Tätigkeit des Trägers durch ihre Interaktiv mit ihm. Dafür sind sie immer eingeschaltet, empfangsbereit und freihändig zu bedienen. Smartphones dagegen sind die Hauptinteraktion des Verwenders zu diesem Zeitpunkt sind.

2.1.3 Smart Glasses

Smart Glasses, die umgangssprachlich auch Datenbrillen genannt werden, sind eine Wearable-Anwendung, die sowohl im Alltag, als auch im industriellen Arbeitskontext verwendet werden kann. Smart Glasses sind eine Art von Wearables in Brillenform, die in die Umgebung des Trägers virtuelle Informationen einblenden.[15] Es werden demnach Wearables mit Augmented Reality (AR) Technologien verbunden.[16]

Smart Glasses werden in die Klasse der Head-Mounted-Displays (HMDs) klassifiziert,[17] sie sind somit ein mögliches Erscheinungsbild von HMDs. Andere Unterarten von HMDs sind beispielsweise Videobrillen oder Virtuell-Reality-Brillen (VR-Brillen). Videobrillen sind die einfachste Form von HMDs.

Smart Glasses können anstelle von herkömmlichen Brillen getragen werden oder über diesen als eine weitere Brillen-Schicht montiert werden. Damit bekommen auch Menschen, die auf Brillen als Sehhilfe angewiesen sind, Zugang zu Smart Glasses. Verschiedene Technologien, wie zum Beispiel GPS-Sensoren und Kameras sammeln Informationen, die durch die Brille ausgewertet werden. Anhand dieser Informationen werden passende Elemente in Echtzeit in das Blickfeld des Trägers eingeblendet.

Bestandteile aus denen Smart Glasses bestehen sind laut Rauschnabel et al. eine Kamera, ein Mikrophon, ein GPS-Sensor und ein Prisma-Display.[18] Durch das Einblenden von Elementen ermöglichen Smart Glasses Augmented Reality. Zudem sind ein Lautsprecher und weitere Sensoren, wie ein Helligkeitssensor, denkbar. Die meisten Smart Glasses sind keine Stand-Alone Geräte, sondern benötigen zur

---

[15] Vgl. *Rauschnabel, P., Brem, A., Ro, Y.,* glasses, 2015b, S. 6.
[16] Vgl. *Rauschnabel, P., Brem, A., Ro, Y.,* glasses, 2015b, S. 3
[17] Vgl. *Gross, B., Brettschneider-Hagemes, M., Stefan, A., Rissler, J,* HMD, 2018, S. 569.
[18] Vgl. *Rauschnabel, P., Brem, A., Ivens, B, Bestandteile, 2015a, S.* 2.

vollständigen Nutzung eine Verbindung zu einem Smartphone. Es gibt allerdings auch autark funktionierende Geräte. Nachteilig ist in solchen Fällen allerdings, dass die gesamte Technik in der Brille untergebracht werden muss, was sie schwer und klobig macht.

Einige Datenbrillen ermöglichen kein Augmented Reality, sondern sind eine Art erweitertes Display, auf dem beispielsweise Videos abgespielt werden können.[19] Diese sind strenggenommen keine Smart Glasses, sondern Videobrillen und sollen daher in dieser Arbeit nicht explizit untersucht werden. Die erste für den Massenmarkt bestimmte Smart Glasses war die 2012 vorgestellt *Google Glass* von *Google*.[20] Sie war jedoch nicht sonderlich erfolgreich und wurde bereits 2015 wieder vom Markt genommen.[21]

2.2 Technologien

2.2.1 Kommunikations- und Vernetzungstechnologien

2.2.1.1 WLAN
WLAN steht für Wireless Local Area Network. Ein WLAN ist ein funkbasiertes lokales Netzwerk. Durch WLAN ist es möglich, sich drahtlos mit einem Netzwerk zu verbinden. Dadurch kann auf alle Netzwerkressourcen, wie beispielsweise Datenspeicher oder Drucker, und das Internet zugegriffen werden.[22] Zudem ermöglich WLAN den Datenaustausch. Der am weitesten verbreitete WLAN-Standard ist der mit der Frequenz 2,4 GHz operierende IEEE 802.11b, der rückwärtskompatibel mit dem Originalstandard ist.[23] Der erste WLAN-Standard IEEE 802.11 wurde 1997[24] veröffentlicht und seitdem mehrfach verbessert und ergänzt. WLAN verwendetet i.d.R. ein Frequenzband zwischen 2,4 und 5,0 GHz.[25]

Ein WLAN - Netzwerk kann direkt oder indirekt mit mehreren LANs verknüpft sein. Das entstehende Netzwerk kann ein großes Gebiet abdecken. Die Verknüpfung von

[19] Vgl. *Zhang, L. et al.*, Monitor, 2014, S. 1.
[20] Vgl. *Rauschnabel, P., Brem, A., Ivens, B, Bestandteile, 2015a*, S. 2.
[21] Vgl. *Lindner, R,* Einstellung, 2015, S. 1.
[22] Vgl. *Tran, B.*, Netzwerkressourcen, 2003, S. 4.
[23] Vgl. *Osterhage, W.*, Drahtlos, 2018, S. 23.
[24] Vgl. *Osterhage, W.*, Drahtlos, 2018, S. 7.
[25] Vgl. *Kuntsch, A.*, Frequenzbereich, 2018, S. 5.

vielen LANs zu einem großen Netzwerk werden auch Metropolien Area Network (MAN) genannt.[26]

Gegenüber klassischen, kabelgebundenen Netzwerken bietet WLAN einige Vorteile. So ist die Nutzung von WLAN deutlich flexibler möglich, da nur innerhalb des Empfangsbereichs gearbeitet werden muss und nicht an einem bestimmten Ort. Dies ist mit einem erheblichen Kostenvorteil verbunden, da keine Kabel gekauft und aufwendig verlegt werden müssen. Zudem können weitere Nutzer schnell und unkompliziert angebunden werden. Auch entfallen Kabel als mögliche Störungsquelle.

Dennoch hat WLAN als drahtloses Funknetz auch Nachteile gegenüber dem kabelgebundenen LAN. So ist WLAN beispielsweise deutlich anfälliger für Störrungen durch die Umwelt. Hindernisse wie Wände und Metallstreben können die Übertragung behindern. Andere Wellen, wie Wellen von Mikrowellenherden können die Übertragung sogar komplett unterbrechen. Hinzukommt, dass die Übertragungsgeschwindigkeit und Bandbreite im WLAN meistens deutlich geringer ist als im LAN, da sich mehrere Benutzer einen Zugangspunkt teilen.[27]

2.2.1.2 Bluetooth

Ein weiterer von Wearables oft verwendeter Kommunikationsstandard für den engeren Nahbereich ist Bluetooth. Im Gegensatz zu WLAN wurde Bluetooth ursprünglich hauptsächlich entwickelt, um die kabellose Kommunikation zwischen einem Computer und Peripheriegeräten,[28] wie Mäusen oder Tastaturen, zu ermöglichen. Der erste Bluetooth - Standard, Bluetooth 1.0a, wurde 1998 von der *Bluetooth Special Interest Group* festgelegt.[29] Seitdem gab es bis zum neusten Standard Bluetooth 5.1 immer wieder Verbesserungen. So wurde beispielsweise der Energieverbrauch verringert, die Datenübertragungsrate erhöht, die Sicherheit verbessert oder die maximale Übertragungsdistanz vergrößert. Bluetooth bietet einige Protokollstapel an,[30] mit denen interaktive Dienste ermöglicht werden.

---

[26] Vgl. *Osterhage, W.*, Drahtlos, 2018, S. 7.
[27] Vgl. *Tran, B.*, Netzwerkressourcen, 2003, S. 5.
[28] Vgl. *King, T., Haenselmann, T., Kopf, S., Effelsberg, W.*, Bluetooth, 2006, S. 2.
[29] Vgl. *Osterhage, W.*, Drahtlos, 2018, S. 85.
[30] Vgl. *Ziegler, Jens*, DWUI, 2016, S. 109.

Bei Bluetooth wird per Funk auf einer Funkfrequenz im Bereich zwischen 2,40 GHz und 2,48 GHz kommuniziert.[31] Damit kann es theoretisch zu einer gegenseitigen Störung von WLAN und Bluetooth kommen. Meistens wird die Frequenz jedoch im Rahmen eines sogenannten Frequenzsprungverfahrens so oft gewechselt, dass keine merklichen Störungen auftreten.

Wearables wie Smart Glasses wären ohne drahtlose Kommunikationsstandards wie WLAN oder Bluetooth nicht denkbar.[32] Denn sie würden ohne Netzwerkverbindung einen großen Teil ihrer Funktionen verlieren. Mit einer kabelgebundenen Netzwerkverbindung wäre der Aktionsradius ihres Trägers stark eingeschränkt und somit würden sie ihren Vorteil gegenüber ortsgebundenen Geräten verlieren.

2.2.2 Augmented Reality

Unter Augmented Reality (AR), was auf Deutsch erweiterte Realität bedeutet, wird die computergestützte Ergänzung der realen Welt durch virtuelle Überlagerungen verstanden.[33] Die wohl bekannteste Definition von Augmented Reality stammt bereits aus dem Jahr 1997 von *Ronald Azuma*. Für ihn weist jedes AR - System drei Charakteristika auf: Realität und virtuelle Realität werden verknüpft oder kombiniert, die Interaktion mit dem Verwender geschieht in Echtzeit und es werden 3D-Elemente in die reale, dreidimensionale Welt eingeblendet.[34]

Theoretisch kann diese erweiterte Realität alle menschlichen Sinne betreffen. In der Praxis wird allerdings oft, wie es auch bei Smart Glasses und der Definition von Azuma der Fall ist, nur der Sehsinn angesprochen.[35] AR grenzt sich von Virtual Reality (VR) darin ab, dass VR eine Illusion einer virtuellen Welt aufbaut, mit der interagieren werden kann, während AR die reale Welt durch virtuelle Elemente ergänzt.

Bei AR wird u.a. mit Hilfe der Kamera ein dreidimensionales Modell des Raumes erzeugt. Dabei werden weitere Informationsquellen wie GPS, Rotations- und Entfernungssensoren herangezogen. Auch Referenzbilder können bei der Erstellung des Raum-Modells unterstützend verwendet werden. Nun kann die Position des

---

[31] Vgl. *Osterhage, W.*, Drahtlos, 2018, S. 85.
[32] Vgl. *Tran, B.*, Netzwerkressourcen, 2003, S. 4f.
[33] Vgl. *Ebner, M.*, AR, 2018, S. 1.
[34] Vgl. *Azuma, R.*, Charakteristika, 1997, S. 356.
[35] Vgl. *Rauschnabel, P., Brem, A., Ro, Y.*, glasses, 2015b, S. 6f.

9

Objektes im Raum, beispielsweise der AR-Brille, bestimmt werden. Als nächstes berechnet eine Software für jedes einzelne Bild, wo die virtuellen Elemente eingeblendet werden müssen. Bewegt sich der Träger im Raum wird die Position der einzublendenden Inhalte im Bild neu berechnet.[36]

2.2.3 Interaktionskonzepte

Wesentliches Element der Interaktion zwischen dem Wearable und dem Verwender ist die Ein- und Ausgabe von Informationen. Um den wesentlichen Vorteil von Wearables, die freihändige Verwendung, ausnutzten zu können, sind andere Interaktionskonzepte als bei Smartphones oder Laptops nötig. Denn eine Interaktion über einen großen Touchscreen oder eine Tastatur ist nicht möglich.

Die Spracheingabe über die Stimme ist eine Möglichkeit der Interaktion zwischen dem Benutzer und dem Wearable. Dies kann analog zu bekannten Sprachassistenten wie *Siri*, *Alexa* oder *Google Assistent* funktionieren. Die Eingabeinteraktion kann auch über Gesten stattfinden. Beide Optionen bedeuten allerdings eine hohe Fehleranfälligkeit.[37] Zudem können Daten durch Sensoren automatisch erfasst, gespeichert und ggf. ausgewertet werden.[38] So können beispielsweise Positionsdaten über einen GPS-Sensor aufgezeichnet oder die Temperatur mittels eines entsprechenden Sensors ermittelt werden.

Die Ausgabe kann beispielsweise durch das Einblenden von Informationen ins Sichtbild des Verwenders[39], wie es bei Augmented und Virtuell Reality geschieht, umgesetzt werden. Hierbei wird der visuelle Sinn über HMDs wie Smart Glasses angesprochen. Dadurch könnte jedoch das Sichtfeld des Verwenders eingeschränkt werden.

Eine weitere Möglichkeit ist die Audio - Ausgabe über Lautsprecher oder Kopfhörer.[40] Diese kann theoretisch parallel zur visuellen Ausgabe stattfinden.[41] Dadurch können jedoch Personen in der Umgebung gestört und Umgebungsgeräusche möglicherweise nicht mehr richtig wahrgenommen werden. Zudem lassen sich

---

[36] Vgl. *Kaden, J.*, Tracking, 2016, o. S.
[37] Vgl. *Ziegler, Jens*, DWUI, 2016, S. 106.
[38] Vgl. *Heitkamp, H.*, Sportmedizin, 2016, S. 1.
[39] Vgl. *Hobert, S., Schumann, M.*, Enterprises, 2017, S. 2.
[40] Vgl. *Hobert, S., Schumann, M.*, Enterprises, 2017, S. 2.
[41] Vgl. *Ziegler, Jens*, DWUI, 2016, S. 108.

strukturierten Daten wie beispielsweise Tabellen oder Diagramme kaum über die Sprachausgabe darstellen.

Des Weiteren sind zur Ausgabe von simplen Informationen haptische (zum Beispiel Vibration) oder optische Signale (zum Beispiel aufleuchten) denkbar.[42] Dazu eignen sich jedoch nur einfache Rückmeldungen, die in einem direkten Zusammenhang zu einer vorher getätigten Eingabe oder Handlung stehen. Ansonsten ist es für den Verwender nicht möglich die Bedeutung des Signals zu verstehen.

---

[42] Vgl. Ziegler, Jens, DWUI, 2016, S. 108.

3. Praktische Anwendungen in der Industrie

3.1 Unterstützung von Montage- und Wartungsprozessen

3.1.1 Anwendung: Unterstützung von Montage- und Wartungsprozessen

Ein möglicher Anwendungsfall für Smart Glasses in der Industrie ist die Unterstützung von komplexen Montage- und Wartungsprozessen durch eine Schritt-für-Schritt-Anleitung.[43] Auf der Projektionsfläche der Smart Glasses kann die Arbeitsanweisung für den nächsten Schritt eingeblendet werden. Dies erfolgt beispielsweise durch einen entsprechenden Anweisungstext oder eine Animation der zusammenzusetzenden Teile.

Dadurch können solche Arbeiten auch von nicht speziell für die Wartung dieser Maschine geschulten Mitarbeitern durchgeführt werden.[44] Dies bedeutet eine höhere Flexibilität in der Produktion und Personalplanung. So müssen Urlaubs- oder Krankheitsvertretungen nicht mehr im Vorfeld für spezialisierte Prozesse geschult werden. Zudem können so Schulungskosten eingespart werden. Auch ist es durch den Einsatz von Smart Glasses einfacher, neue Prozesse in der Produktion zu etablieren, da die Schulung während der Ausübung der Tätigkeit geschehen kann.

Neben der Einarbeitung können auch mit dem Produktionsprozess vertraute Mitarbeiter durch den Einsatz von Smart Glasses profitieren. Es ist denkbar, dass durch auf den Wissenstand der Mitarbeiter angepasste Anleitungen die Fehlerrate reduziert, die Produktivität erhöht und die Gesundheit der Beschäftigten durch das Aufzeigen von ergonomisch schonenderen Bewegungsabläufen verbessert wird.[45] Wie *Bürgy* einwendet, ist zu bedenken, dass „[i]n einigen Fällen .. das Lernen von Abläufen überhaupt nicht gewünscht" ist.[46] So gibt es beispielsweise in der Montage von Produkten monotone Arbeitsabläufe, bei denen Bauteile in einer immer ähnlichen Reihenfolge zusammengebaut werden müssen. Damit sich hier keine Routine einstellt und das Fehlerrisiko steigt, könnten Wearables wie von *Bürgy* vorgeschlagen die Arbeitsabläufe variieren.[47]

---

[43] Vgl. *Hobert, S., Schumann, M.*, Enterprises, 2017, S. 1.
[44] Vgl. *Klinker, K. et al.*, Education, 2018, S. 5.
[45] Vgl. *Bürgy, C.*, Learning, 2018, S. 153.
[46] Vgl. *Bürgy, C.*, Learning, 2018, S. 153.
[47] Vgl. *Bürgy, C.*, Learning, 2018, S. 153.

3.1.2 Technologie: Unterstützung von Montage- und Wartungsprozessen

Technologisch ist es in diesem Anwendungsfall wichtig, dass die Smart Glasses Interaktion visuell und / oder haptisch erfolgen, da Sprachausgaben in lauten Umgebungen nicht verständlich sind. Zudem müssen die Hände für die Arbeit frei sein. Die Smart Glasses muss außerdem die Umgebung und die Bauteile über eine Kamera erkennen und identifizieren können, um dem Träger die richtigen Anweisungen bezüglich des nächsten Arbeitsschrittes zu geben.

Die Auswertung der aufgenommenen Bilder erfolgt i.d.R. über ein per Bluetooth oder Kabel verbundenes Gerät, beispielsweise ein Smartphone. Dieses gleicht die Bilder via WLAN mit einer Datenbank – in der die Inhalte abgelegt sind - ab. Das Ergebnis wird zurück an die Smart Glasses gegeben. Dort werden nun die nötigen Einblendungen gemacht.

3.2 Ferndiagnostik und Remoteunterstützung

3.2.1 Anwendung: Ferndiagnostik und Remoteunterstützung

Eine weitere mögliche praktische Anwendung von Smart Glasses in der Industrie ist die Ferndiagnostik bzw. Remoteunterstützung in Echtzeit.[48] Die Arbeit eines nicht mit bestimmten Produktions- oder Wartungsschritten vertrauten Mitarbeiters soll mit Hilfe einer Smart Glasses aus der Ferne durch einen Experten unterstützt oder sogar komplett übernommen werden. Die in der Smart Glasses eingebaute Kamera überträgt das aktuelle Sichtfeld des lokalen Arbeiters über das Internet an den Experten. Dieser kann den Mitarbeiter vor Ort nun entweder über eine auditive Anleitung durch den Arbeitsprozess leiten und bzw. oder visuelle Anweisungen in das Sichtfeld das Arbeiters vor Ort einblenden.

Ein konkretes Praxisbeispiel dafür ist die zeitkritische Reparatur von für die Produktion eines Gutes benötigten Maschinen. Ein komplizierter Defekt, der nicht kurzfristig durch die Mitarbeiter vor Ort behoben werden kann, muss durch einen Spezialisten, ggf. sogar einen Mitarbeiter des Maschinenherstellers, behoben werden. Wenn solche Personen nicht in der Nähe des Produktionsortes der defekten Anlage verfügbar sind, müsste die Produktion bis zum Eintreffen der Experten stillstehen. Durch den Einsatz einer Smart Glasses können die Experten den Fehler

---

[48] Vgl. *Hobert, S., Schumann, M.*, Enterprises, 2017, S. 1.

aus der Ferne diagnostizieren und den Träger der Datenbrille vor Ort durch den Reparaturprozess leiten.

Diese Anwendungsmöglichkeit beschränkt sich aber nicht nur auf eine Remoteunterstützung in Notfällen. Sie bezieht sich auch auf reguläre Wartungsprozesse, die vom Spezialisten vorgenommen werden müssen. Voraussetzung dafür ist, dass solche Reparaturen, Wartungen oder Prüfungen genauso prüfungsrechtlich anerkennt werden, wie vor Ort durchgeführte Arbeiten von Spezialisten.

3.2.2 Technologie: Ferndiagnostik und Remoteunterstützung

Technologisch ist hierbei eine gute Bildqualität besonders wichtig. Zum einen sollte die in der Smart Glasses eingebaute Kamera scharfe Bilder aufnehmen. Daneben sollte auch die Übertragungsgeschwindigkeit und – Qualität so gut sein, dass fast keine Verzögerung oder Unschärfe auftreten.

Für den Austausch von auditiven Anweisungen zwischen dem Experten und dem Arbeiter vor Ort ist zudem die Kompatibilität der Smart Glasses mit (Bluetooth-) Kopfhörern und einem Mikrofone wichtig. Eine weitere technologische Anforderung ist die Möglichkeit des Experten, Elemente im Sichtfeld des Ausführenden zu markieren bzw. einzublenden. Dies kann beispielsweise über eine Software auf einem Computer geschehen, die dem Experten erlaubt, Einzelbilder zu bearbeiten.[49]

3.3 Qualitätskontrollen und Mängelerkennung von Erzeugnissen

3.3.1 Anwendung: Qualitätskontrollen und Mängelerkennung

Smart Glasses lassen sich auch dazu einsetzten die Mitarbeiter bei Kontrollen, Sicherheitschecks und Sortierungen zu unterstützen. Auf der Projektionsfläche werden die auszusortierenden Erzeugnisse angezeigt, die automatisch über die Kamera erkannt und dann durch den Arbeiter vom Fließband genommen werden müssen. Dieser Anwendungsfall wäre quasi eine Vorstufe zu einem komplett automatisierten Sortierungsprozess, bei dem Produkte mit Mängeln von einem Roboterarm aussortiert werden. In einigen Fällen ist eine komplett automatisierte

---

[49] Vgl. *Oldsberg, P.*, Field, 2014, S. 18f.

Sortierung allerdings nicht möglich oder wirtschaftlich, zum Beispiel wenn der Produktionsprozess bzw. der Ort sich häufig verändern.

Bei vielen Massenfertigungsprozessen wird nach dem Abschluss der eigentlichen Produktionsschritte eine Kontrolle dieser durchgeführt. Diese Kontrollen sind entscheidend, um die Sicherheit, Langlebigkeit und Qualität der Produkte auf einem konstanten Niveau zu halten. Zudem könnte die Smart Glasses auch direkt eine Dokumentation der Qualitätskontrolle, die in einigen Fällen gesetzlich vorgeschrieben ist, vornehmen.[50]

3.3.2 Technologie: Qualitätskontrollen und Mängelerkennung

Anforderungen an die Technik werden in diesem Beispiel besonders durch die Bildererkennung bestimmt. Für die Verarbeitung der von der Kamera aufgenommenen Bilder ist viel Rechenleistung erforderlich. Diese kann, schon aus Gründer einer beschränkten Akkukapazität,[51] nicht von der Smart Glasses selbst vorgenommen werden. Stattdessen muss die Berechnung von einem Rechner in einem Rechenzentrum, beispielsweise über eine Cloud-Lösung, durchgeführt werden.

Daher ist es hier wichtig, dass die Bilddaten in Echtzeit und hoher Qualität von der Datenbrille an den Rechner übermittelt werden, wofür entsprechende Netzwerkkomponenten verbaut sein müssen. Hardwareseitig ist bei der Smart Glasses ansonsten nur eine Kamera mit einer guten Bildschärfe wichtig.

Softwareseitig liegen in diesem Fall die größeren Herausforderungen vor. Die Software muss die auszusortierenden Produkte in den Bildern ermitteln und markieren. Dabei ist einzubeziehen, dass die Produkte sich bewegen und der Arbeiter etwas Reaktionszeit braucht. Es handelt sich folglich um eine AR - Anwendung, die um die Erkennung von mangelbehafteten Produkten erweitert ist.

---

[50] Vgl. *Klinker, K. et al.*, Education, 2018, S. 5.
[51] Vgl. *Hobert, S., Schumann, M.*, Enterprises, 2017, S. 5.

4. Chancen und Probleme des Einsatzes von Smart Glasses in der Industrie

4.1 Methodik der Analyse

Der Einsatz von Smart Glasses in der Industrie, der beispielhaft anhand von drei möglichen praktisch Anwendungsfällen dargestellt wurde, bietet einige Chancen und Probleme. Diese sollen nun verallgemeinert für derartige Einsatzmöglichkeiten bewertet werden. Im Anschluss an die Analyse sollen geeignete Einsatzpotentiale herausgestellt werden.

Zunächst wurden im Grundlagenkapitel die Definitionen von Wearables und Smart Glasses erarbeitet, dies geschah anhand von Literaturarbeit. Ebenso wurden mit Smart Glasses verbundene technische und nicht technische Eigenschaften bzw. Attribute wie WLAN, Bluetooth, AR oder Interaktionskonzepte durch Quellenarbeit herausgearbeitet. Im zweiten großen Kapitel, den praktischen Anwendungsbeispielen wurden Einsatzzwecke vorgestellt. Auf Grundlage dessen soll nun eine Analyse erfolgen.

4.2 Durchführung der Analyse

Die beschriebene Analyse wird tabellarisch in einer Tabelle mit zwei Spalten dargestellt. In der ersten Spalte werden Chancen bzw. Potentiale aufgelistet, die sich durch den Einsatz von Smart Glasses in Industrieunternehmen ergeben können. Dem werden Herausforderungen bzw. Probleme, die damit einhergehen gegenübergestellt.

Tabelle 1: Chancen und Herausforderungen der Einsatzmöglichkeiten

Chancen	Herausforderungen / Probleme
Freihändige Bedienung erlaubt gleichzeitige Interaktion mit der Smart Glasses und mechanische Arbeit	Datenschutzprobleme durch immer eingeschaltete Kameras und Mikrophone
Teilautomatisierung von Prozessen erhöht die Produktivität	Beschränkte Ein- und Ausgabemöglichkeiten von Smart Glasses

16

(Urlaubs-/Krankheits-) Vertretungen durch einen anderen Mitarbeiter werden erleichtert	Kein Vollständige Automatisierung von menschlicher Arbeit möglich
Teileinsparung von Schulungsaufwänden	Steigender Stromverbrauch, u.a. durch Internet- / Cloudanwendungen
Flexibilität der Produktionsplanung erhöht sich	Geringe Akkulaufzeit der Smart Glasses durch hohen Stromverbrauch
Ferndiagnostik und Remote-unterstützung wird ermöglicht	Technologisch noch nicht ausgereift: z.B.: Akkulaufzeit, Bildqualität, Interaktionskonzepte, Software
Papierloses Arbeiten wird ermöglicht	Akzeptanzprobleme bei älteren Mitarbeitern möglich
Augmented Reality ermöglicht Interaktion zwischen realer und digitaler Welt	Hohe Kosten für individuelle Anwendungen (noch kein Massenprodukt)
Steigende Ortsunabhängigkeit durch den Einsatz von Smart Glasses	Ohne Internetverbindung nur stark eingeschränkte Funktionalität

Quelle: Eigene Darstellung

5. Fazit

Insgesamt lassen sich einige Einsatzpotentiale für Smart Glasses in der Industrie feststellen. Hervorheben lassen sich hierbei Arbeitsprozesse wie Ferndiagnostik bzw. -wartung, Remoteunterstützung und Schulungs- bzw. Anleitungsschritte. Es handelt sich um Anwendungen, die heute aus wirtschaftlichen und / oder technischen Gründen händisch erledigt werden müssen, die nun durch den Einsatz von Smart Glasses und der damit verbundenen Augmented Reality – Technologie effizienter erledigt werden können. Die Flexibilität und Produktivität vieler nicht automatisierter Prozesse kann durch die Verwendung von Wearables gesteigert werden. Dabei sollte jedoch bedacht werden, dass durch Smart Glasses keine vollständige Automatisierung einer Tätigkeit möglich ist.

Auf der anderen Seite gibt es allerdings noch einige technische Voraussetzungen, wie längere Akkulaufzeiten und geringeren Stromverbrauch oder ausgereiftere AR – Software, die erst noch geschaffen werden müssen. Zudem gibt es ökonomische Aspekte wie geringere Kosten und rechtlich / moralische Grundlagen wie Datenschutzregelungen und Akzeptanz, die ebenfalls noch ungeklärt sind. In diesen Felder muss noch einiges geschehen, um Smart Glasses nach Meinung des Verfassers den flächendeckenden Durchbruch zu ermöglichen.

Hierbei gilt es das viel zitierte „Henne-Ei-Problem" zu durchbrechen: Solange Smart Glasses nicht den Durchbruch auf dem Massenmarkt geschafft haben, was u.a. durch technische Unzulänglichkeiten verhindert wird, wird es nur verhältnismäßig geringe Investitionen in diese Technologie geben. Diese wären allerdings nötig um Smart Glasses massentauglich zu machen. Sobald Wearables eine gewisse technologische Reifestufe erreichen, haben sie das Potential die Arbeitsweise vieler Menschen u.a. im Industriesektor zu verändern.

Literaturverzeichnis

Azuma, Ronald (Charakteristika, 1997): A Survey of Augmented Reality, in: *Chang, Eugene, Rizzo, Albert* (Hrsg.), *Presence, Jahrgang 6 (1997), Nummer 4, S. 355 - 385*

Böhm, Klaus, Esser, Ralf, Klöß, Sebastian (Anteil, 2019): Zukunft der Consumer Technology – 2019, Berlin, 2019

Boronowsky, Michael, Herzog, Otthein, Knackfuß, Peter, Lawo, Michael (wearIT@work, 2005): wearIT@work - Empowering the Mobile Worker by Wearable Computing – the First Results, Bremen, 2005

Bürgy, Christian (learning, 2018): Mobile Learning mit Wearables in: *de Witt, Claudia, Gloerfeld, Christina* (Hrsg.), Handbuch Mobile Learning, Wiesbaden: Springer, 2018, S. 141 – 159

Duffy, Vincent (Hrsg.) (Modeling, 2018): Digital Human Modeling – Applications in Health, Safety, Ergonomics and Risk Management, Wiesbaden: Springer, 2018

Dvorak, Joseph (nahtlos, 2008): Moving Wearables into the mainstream – taming the borg, Wiesbaden: Springer, 2017

Ebner, Martin (AR, 2018): Virtual Reality und Augmented Reality in der Bildung, in: *Ebner, Martin* (Hrsg.), fnma, 03/2018, S. 10 – 12

Gross, Benno, Bretschneider-Hagemes, Michael, Stefan, Andreas, Rissler, Jörg (HMDs, 2018): Monitors vs. Smart Glasses: A Study on Cognitive Workload of Digital Information Systems on Forklift Trucks, in: *Duffy, Vincent* (Hrsg.), Digital Human Modeling – Applications in Health, Safety, Ergonomics and Risk Management, Wiesbaden: Springer, 2018, S. 569 – 578

Heitkamp, Hans – Christian (Sportmedizin, 2016): Wearables – Die Bedeutung der neuen Technologie für die Sportmedizin in: *Steinacker, Jürgen* (Hrsg.), Deutsche Zeitschrift für Sportmedizin, Dynamic Media Sales Verlag: Augsburg, Jahrgang 67 (2016), Nr. 12, S. 285f.

Hobert, Sebastian, Schumann, Matthias (Enterprises, 2017): Enabling the Adoption of Wearable Computers in Enterprises – Results of Analyzing Influencing Factors and Challenges in the Industrial Sector, Goettingen, 2017

King, Thomas, Haenselmann, Thomas, Kopf, Stephan, Effelsberg, Wolfang (Bluetooth, 2006): Positionierung mit Wireless-Lan und Bluetooth, München: K.G. Saur Verlag, 2006

Klinker, Kai, Berkemeier, Lisa, Zobel, Benedikt, Wüller, Hanna, Huck-Fires, Veronika, Wiesche, Manuel, Remmers, Hartmut, Thomas, Oliver, Krcmar, Helmut (Education, 2018): Structure for innovations: A use case taxonomy for smart glasses in service processes, Lüneburg, 2018

Klug, Tobias (Umstritten, 2008): Prozessunterstützung für den Entwurf von Wearable-Computing-Systemen, Darmstadt, 2008

Kuntsch, Alexander (Frequenzbereich, 2018): Genauigkeitsabschätzungen für die Geschwindigkeitsermittlung von Fahrzeugenmittels WLAN Probe Requests, Dresden, S. 5

Kreutzer, Ralf, Land, Karl-Heinz (Kurzform, 2017): Digitale Markenführung - Digital Branding im Zeitalter des digitalen Darwinismus., Wiesbaden: Springer, 2017

Lindner, Roland (Einstellung, 2015): Google schwört Kostendisziplin in: FAZ, 31.01.2015, Ausgabe D1, S. 25

Mann, Steve (Definition, 1998): Wearable Computing as means for personal empowerment, Fairfax, 1998

Mayr, Heinrich, Pinzger, Martin (Hrsg.) (Notes, 2016): Lecutre Notes in Informatics, Bonn, 2016

Oldsberg, Patrik (Field, 2014): Field Service Support with Google Glass and WebRTC, Handen (Schweden), 2014

Osterhage, Wolfgang (Drathlos, 2018): Sicherheitskonzepte in der mobilen Kommunikation - Drahtlose Kommunikation – Protokolle und Gefahren, Wiesbaden: Springer, 2018

Rauschnabel, Phillipp, Brem, Alexander, Ivens, Bjoern (Bestandteile, 2015a): Who will buy smart glasses? Empirical results of two pre-market-entry studies on the role of personality in individual awareness and intended adoption of Google Glass wearables, in: Guitton, Matthieu (Hrsg.), Computers in Human Behavior, 49 (2015), S. 635 - 647

Rauschnabel, Philipp, Brem, Alexander, Ro, Young (glasses, 2015b): Augmented Reality Smart Glasses: Definition, Conceptual Insights, and Managerial Importance, Michigan, 2015

Starner, Thad (Assistent, 2001): The challenges of wearable computing part 1, Georgia, 2001

Tran, Ba Kein (Netzwerkressourcen, 2003): Wireless LAN, o. O., 2003

De Witt, Claudia, Gloerfeld, Christina *(Hrsg.) (ML, 2018): Handbuch Mobile Learning, Wiesbaden: Springer, 2018*

Zhan, Lan, Li, Xiang-Yang, Huang, Wenchao, Liu, Kebin, Zong, Shuwei, Jian, Quesi, Feng, Puchun, Jung, Taeho, Liu, Yunhao (Monitor, 2014): It Starts with iGaze: Visual Attention Driven Networking with Smart Glasses, Maui, 2014

Ziegler, Jens (DWUI, 2016): Wearables im Industriellen Einsatz - Befähigung zu mobiler IT-gestützter Arbeit durch verteilte tragbare Benutzungsschnittstellen, TUDpress, 2016

Zobel, Benedikt, Berkemeier, Lisa, Werning, Sebastian, Thomas, Oliver (Logistik, 2016): Augmented Reality am Arbeitsplatz der Zukunft: Ein Usability-Framework für Smart Glasses in: *Mayr, Heinrich, Pinzger, Martin* (Hrsg.), Lecture Notes in Informatics, Bonn, S. 1727 – 1740, 2016

Internetquellenverzeichnis

Kaden, Jan (Tracking, 2016): Augmented Reality: So funktioniert es, <https://www.pc-magazin.de/ratgeber/augmented-reality-funktionsweise-3196764-15362.html> (2016-09-21) [Zugriff: 2019-12-02